BEI GRIN MACHT SICH IHR
WISSEN BEZAHLT

- Wir veröffentlichen Ihre Hausarbeit,
  Bachelor- und Masterarbeit

- Ihr eigenes eBook und Buch -
  weltweit in allen wichtigen Shops

- Verdienen Sie an jedem Verkauf

Jetzt bei www.GRIN.com hochladen
und kostenlos publizieren

Bibliografische Information der Deutschen Nationalbibliothek:

Die Deutsche Bibliothek verzeichnet diese Publikation in der Deutschen National-
bibliografie; detaillierte bibliografische Daten sind im Internet über http://dnb.d-
nb.de/ abrufbar.

Dieses Werk sowie alle darin enthaltenen einzelnen Beiträge und Abbildungen
sind urheberrechtlich geschützt. Jede Verwertung, die nicht ausdrücklich vom
Urheberrechtsschutz zugelassen ist, bedarf der vorherigen Zustimmung des Verla-
ges. Das gilt insbesondere für Vervielfältigungen, Bearbeitungen, Übersetzungen,
Mikroverfilmungen, Auswertungen durch Datenbanken und für die Einspeicherung
und Verarbeitung in elektronische Systeme. Alle Rechte, auch die des auszugsweisen
Nachdrucks, der fotomechanischen Wiedergabe (einschließlich Mikrokopie) sowie
der Auswertung durch Datenbanken oder ähnliche Einrichtungen, vorbehalten.

Impressum:

Copyright © 2016 GRIN Verlag, Open Publishing GmbH
Druck und Bindung: Books on Demand GmbH, Norderstedt Germany
ISBN: 978-3-668-19843-2

Beniamino Rosamilia

Portfoliotheorie. Entwicklung und aktuelle Verfahren

GRIN Verlag

GRIN - Your knowledge has value

Der GRIN Verlag publiziert seit 1998 wissenschaftliche Arbeiten von Studenten, Hochschullehrern und anderen Akademikern als eBook und gedrucktes Buch. Die Verlagswebsite www.grin.com ist die ideale Plattform zur Veröffentlichung von Hausarbeiten, Abschlussarbeiten, wissenschaftlichen Aufsätzen, Dissertationen und Fachbüchern.

Besuchen Sie uns im Internet:

http://www.grin.com/

http://www.facebook.com/grincom

http://www.twitter.com/grin_com

Portfoliotheorie –

Entwicklung und aktuelle Verfahren

Bachelorarbeit

Lehrstuhl für Investment, Portfolio Management
und Alterssicherung
Fachbereich Wirtschaftswissenschaften
Johann Wolfgang Goethe-Universität
Frankfurt am Main

Beniamino Rosamilia

Studienrichtung: Wirtschaftswissenschaften

8. Februar 2016

Inhaltsverzeichnis

Abbildungsverzeichnis

Abkürzungsverzeichnis

CAPM Capital-Asset-Pricing-Model

d.h. das heißt

EMH Effizienzmarkthypothese

ES Expected Shortfall

Max Maximiere

Min Minimiere

ML-Schätzer Maximum-Likelihood-Schätzer

u. d. NB. unter der Nebenbedingung

Vgl. Vergleiche

z.B. zum Beispiel

Symbolverzeichnis

τ:	Eine skalare Zahl, die die Unsicherheit der CAPM-Verteilung angibt
Ω:	Eine diagonale Kovarianzmatrix mit Einträgen der Unsicherheit in jeder Meinung
E(U):	Erwarteter Nutzen
E(R):	Erwartete Rendite
IR:	Implizite Rendite
Cov(X):	Kovarianz
Σ:	Kovarianzmatrix
$L(\theta)$:	Likelihood-Funktion
m und v^2:	Momente der Lognormalverteilung
LN(X):	Natürlicher Logarithmus
w:	Portfoliogewichte
μ:	Renditeerwartungswert
δ:	Risikoaversion
θ:	Schätzer der Likelihood-Funktion
σ:	Standardabweichung
∞:	unendlich
$VaR_\propto$:	Value-at-Rsik
Var(X):	Varianz
$N_\propto\sigma$:	Verteilungsfunktion der Standardnormalverteilung

1. Einleitung

Seit der Einführung der Börse ist es für Investoren möglich, in verschiedenen Anlagen über einen breiten Markt zu investieren. Ziel eines jeden Investors ist es, eine möglichst hohe Rendite zu erzielen und gleichzeitig das Risiko gering zu halten. Die moderne Portfoliotheorie beschäftigt sich mit der Frage, wie Individuen durch das Erwerben verschiedener Wertpapiere sein persönliches Portfolio optimieren kann. Der US-amerikanische Ökonom Harry Markowitz legte hierfür mit seinem Artikel „Portfolio Selection" den Grundstein. Ziel seiner Arbeit war es, die erwartete Rendite zu einem gegebenen Risiko zu maximieren beziehungsweise das Risiko zu einer gegebenen Rendite zu minimieren. Dieser Sachverhalt wird in der Literatur auch als das „Mean-Variance-Optimierungsproblem" bezeichnet.

Das Thema der vorliegenden Arbeit wird die analytische Darstellung der Entwicklung sowie der aktuellen Verfahren in der Portfoliotheorie sein. Demnach wird sich die Arbeit mit der ursprünglichen Portfoliotheorie von Markowitz beschäftigen. Dabei werden zunächst gängige Definitionen vorgestellt. Anschließend sollen die Annahmen, auf welchen das Modell von Markowitz beruht, beleuchtet werden, um schließlich das Modell von Markowitz insgesamt nachzuzeichnen. Abschließend soll das Modell noch kritisch gewürdigt werden.

Da das Modell auf viele Annahmen beruht, welche die Theorie zwar vereinfachen, aber realitätsfern sind, gibt es inzwischen eine Vielzahl von weiterführenden Arbeiten, die auf diese Theorie aufbauen und verschiedene Ansätze verfolgen, um die Portfoliotheorie von Markowitz auszubauen. Im zweiten Abschnitt werden diese Erweiterungen der Portfoliotheorie vorgestellt, die durch die Modifikation gewisser Annahmen zu anderen Ergebnissen kommen. Im dritten Abschnitt werden alternative Ansätze der Portfoliotheorie besprochen.

Im Fazit werden zunächst die wichtigsten Ergebnisse der vorliegenden Studie kurz zusammengefasst. Darüber hinaus wird ein Ausblick auf die Zukunft der Portfoliotheorie gegeben werden.

2. Portfoliotheorie nach Markowitz

Harry M. Markowitz veröffentlichte 1952 seine Arbeit „Portfolio Selection", die in der Regel als der Ursprung der „Modernen Portfoliotheorie" betrachtet wird. Markowitz stellte eine normative Theorie des Portfoliomanagements auf, die aufzeigt, wie Investoren unter bestimmten Voraussetzungen am Markt agieren sollten. Die zentrale Annahme in seinem Modell besteht darin, dass Anleger ihre Investitionsentscheidungen ausschließlich basierend auf den beiden Größen Rendite μ und Risiko σ treffen. Das Ziel ihrer Investition ist es, bei einem gegebenen Risiko einen möglichst hohen Anlageerfolg zu erzielen beziehungsweise bei einem anvisierten Anlageerfolg ein möglichst geringes Anlagerisiko einzugehen. Markowitz quantifiziert Anlageerfolg als den Erwartungswert und das Anlagerisiko als die Standardabweichung.[1]

2.1. Definitionen

Die im vorherigen Abschnitt bereits eingeführten Begriffe wie „Erwartungswert" und „Standardabweichung" sollen nun neben weiteren Bezeichnungen in diesem Abschnitt kurz definiert werden, um ein allgemeines Verständnis zu schaffen und den Untersuchungsgegenstand zu präzisieren.

2.1.1. Portfolio

Unter einem Portfolio versteht man die Investition in mehrere Wertpapiere. Typischerweise werden Portfolios nach Instrumenten, in die investiert wird, geografische Streuung der Investments, Strategien der Portfoliomanager und dem Anlagehorizont kategorisiert. Der vollständigen Erstellung eines Portfolios geht in der Regel eine umfangreiche Analyse voraus, mit dem sich ein Portfoliomanager beschäftigt. Die Details dieser Analyse ist das Ziel dieser Arbeit und wird in den folgenden Abschnitten genauer erklärt werden.

---

[1] Vgl. Kremer, 2011, S. 73

2

2.1.2. Erwartungswert

Der Erwartungswert μ ist ein Grundbegriff der Stochastik und beschreibt den Wert, die die Zufallsvariable im Durchschnitt annimmt. In der Finanzwelt spricht man hier häufig von der erwarteten Rendite, was den Gesamterfolg einer Kapitalanlage bezeichnet. Betrachtet man den Fall der Rendite eines Portfolios, so handelt es sich hierbei um die Summe der erwarteten Rendite eines Wertpapieres multipliziert mit ihrer jeweiligen Gewichtung im Portfolio. Die Rendite eines Portfolios lässt sich demnach durch folgende Gleichung definieren:

(1) $$\mu_{PF} = \sum_{i=1}^{N} E(r_i) \times w_i$$

Dabei bezeichnen $E(r_i)$ die erwartete Rendite eines Wertpapieres und w_i die Gewichtung im Portfolio.[2]

2.1.3. Varianz und Standardabweichung

Auch die Standardabweichung ist ein Grundbegriff der Stochastik und beschreibt ein Maß für die Streuung der Werte einer Zufallsvariablen X um ihren Erwartungswert. In der Finanzwelt wird dieses Maß verwendet, um das Risiko einer Anlage zu quantifizieren. Sie ergibt sich aus der Quadratwurzel der Varianz.

(2) $$\sigma_X = \sqrt{Var(X)}$$

Die Varianz wird dabei wie folgt definiert:

(3) $$Var(X) = \frac{\sum_{t=1}^{T}(r_i - \mu)^2}{T}$$

---

[2] Vgl. Springer Fachmedien Wiesbaden "(Hrsg.)", 2013, S. 34

Wenn man nun die Streuung bzw. die Standardabweichung der Rendite eines Portfolios berechnen möchte, muss Folgendes beachtet werden. Die Summe einer Varianz ist nicht gleich der Summe der Varianzen. Die Kovarianz spielt bei der Quantifizierung des Risikos nämlich auch eine Rolle.[3]

2.1.4. Kovarianz

Die Kovarianz beschreibt in der Stochastik eine Kenngröße für den Zusammenhang zweier Zufallsvariablen mit gemeinsamer Wahrscheinlichkeitsverteilung. Mathematisch lässt sich die Kovarianz auf folgende Weise definieren:

(4.1) $$Cov(r_i, r_j) = \frac{1}{N}\sum_{i=1}^{N}\sum_{j=1}^{N}(r_i - \mu_i)(r_j - \mu_j)$$

(4.2) $$Cov(r_i, r_j) = \frac{1}{N}\sum_{i=1}^{N}\sum_{j=1}^{N}E(r_i \times r_j) - \mu_i - \mu_j$$

Die Kovarianz ist positiv, wenn die beiden Zufallsvariablen einen Zusammenhang besitzen. Das bedeutet, wenn die erste Zufallsvariable einen hohen (niedrigen) Wert annimmt, dann ist es sehr wahrscheinlich, dass die zweite Zufallsvariable auch einen hohen (niedrigen) Wert annimmt.

Ist die Kovarianz jedoch negativ, dann besteht zwischen den Zufallsvariablen ein gegenläufiger Zusammenhang. Wenn also die erste Zufallsvariable einen hohen (niedrigen) Wert annimmt, dann ist es sehr wahrscheinlich, dass die zweite Zufallsvariable ebenfalls einen niedrigen (hohen) Wert annimmt.

Bei einer Kovarianz von null besteht keinerlei Zusammenhang zwischen den Zufallsvariablen. Demnach kann bei einem hohen oder niedrigen Wert der ersten Zufallsvariable die zweite Zufallsvariable mit gleicher Wahrscheinlichkeit einen hohen oder einen niedrigen Wert annehmen.[4]

Bezogen auf das Risiko eines Portfolios, was man auch als die Varianz einer Summe ansehen kann, lässt sich dieses wie folgt definieren:

(5) $$\sigma_{PF}^2 = \sum_{i=1}^{N} w_i^2 \sigma_i^2 + \sum_{i=1}^{N}\sum_{j=1}^{N}(w_i w_j \times cov_{i,j})$$

---

[3] Vgl. Springer Fachmedien Wiesbaden "(Hrsg.)", 2013, S. 125
[4] Vgl. Springer Fachmedien Wiesbaden "(Hrsg.)", 2013, S. 72

2.2. Annahmen der Portfoliotheorie nach Markowitz

Vor der Betrachtung der eigentlichen Portfoliotheorie von Markowitz wird sich dieser Abschnitt zunächst mit den Annahmen beschäftigen und analysieren, welche Bedeutung diese für das Modell haben.

Grundsätzlich geht Markowitz davon aus, dass Investoren „gierig" sind und demnach Portfolios mit einer hohen erwarteten Rendite präferieren. Allerdings sind diese Investoren auch risikoscheu, weshalb sie auch Portfolios mit einem geringen Risiko bevorzugen. Zusätzlich nimmt Markowitz an, dass sich jeder Investor zum risikolosen Zinssatz r_f Geld leihen und Geld verleihen kann. Außerdem sind Steuern und Transaktionskosten irrelevant. Des Weiteren wird angenommen, dass Vermögenswerte unendlich teilbar sind, was Investoren erlaubt, Bruchteile von Aktien zu erwerben. Zudem geht Markowitz aus Vereinfachungsgründen davon aus, dass die Rendite normalverteilt ist, dass das Risiko sich durch die Standardabweichungen und die Kovarianzen der einzelnen Wertpapiere quantifizieren lässt, dass Investoren ihren Nutzen in einem 1-Periode-Anlagehorizont maximieren wollen und dass die Kapitalmärkte vollkommen sind.[5]

2.3. Portfoliotheorie nach Markowitz

Gemäß der oben genannten Annahmen und der Bildung von Portfolios mit N riskanten Wertpapieren sollten Investoren nach Markowitz ihr optimales Portfolio aus der Menge von Portfolios bestimmen, die

1. eine maximale erwartete Rendite für unterschiedliche Risikoniveaus und
2. ein minimales Risiko für verschiedene Niveaus der erwarteten Rendite

anbieten.

Die Menge der Portfolios, die beide Bedingungen erfüllen, lassen sich in einem $(\sigma\text{-}\mu)$-Koordinatensystem abbilden. Zusammen bilden sie eine Linie, die auch als „efficient frontier" (deutsch: „effizienter Rand") bekannt ist.[6] Eine Möglichkeit, diesen effizienten Rand in einem $(\sigma\text{-}\mu)$-Koordinatensystem aufzutragen, wäre das Ausprobieren von jeder denkbaren Gewichtung eines Wertpapiers im Portfolio. Man würde somit einen geographischen Ort aller möglichen $(\sigma\text{-}\mu)$-Kombinationen erhalten. Alternativ könnte

---

[5] Vgl. Mondello, 2015, S. 104
[6] Vgl. Markowitz, 1952, S.82

man den effizienten Rand mittels der Mean-Variance-Optimierung berechnen. Dabei sieht das Optimierungsproblem so aus:

Minimiere die Portfoliovarianz

$$\sigma_{PF}^2 = \sum_{i=1}^{N} w_i^2 \sigma_i^2 + \sum_{i=1}^{N} \sum_{j=1}^{N} (w_i w_j \times cov_{i,j})$$

Unter den Bedingungen

$$B1: \mu_{PF} - E(r_Z) = 0$$
$$B2: \sum_{i=1}^{N} w_i = 1$$

Dieses Optimierungsproblem sagt aus, dass man bei einer gegebenen Zielrendite r_Z das Risiko minimieren möchte. B2 sagt hier lediglich aus, dass das gesamte Vermögen in riskanten Wertpapieren investiert ist. Durch Variation der Zielrendite r_Z erhält man anschließend verschiedene Minima der Varianz, die Punkte auf dem (σ-μ)-Koordinatensystem darstellen. Durch Verbinden aller Punkte erhält man anschließend den effizienten Rand.

Grundsätzlich gilt, dass ein Portfolio als „effizient" bezeichnet wird, wenn kein Portfolio existiert, dass bei einem gegebenen Risiko eine höhere erwartete Rendite erwirtschaften kann bzw. bei einer gegebenen erwarteten Rendite ein geringeres Risiko besitzt. Diese Menge von effizienten Kombinationen bzw. Portfolios ist als blauer Rand in Abbildung 1 zu sehen.

Abbildung 1: Effzienter Rand

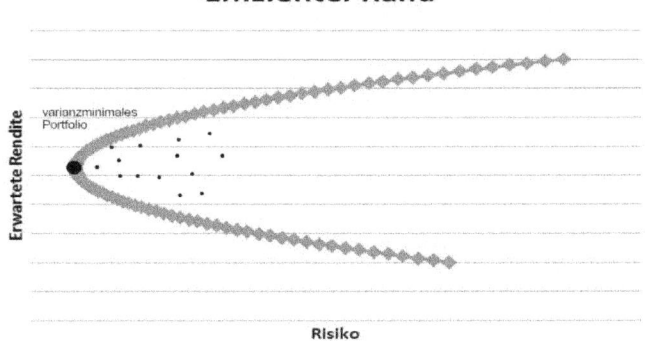

Es ist also nicht möglich, durch eine Änderung der Gewichtung von einzelnen riskanten Wertpapieren ein Portfolio zu bilden, das über dem effizienten Rand liegt.[7] Weiterhin zeigt Abbildung 1 einzelne Punkte innerhalb des effizienten Rands. Diese Punkte symbolisieren die Menge von ineffizienten Portfolios, da eine höhere erwartete Rendite bei gleichbleibendem Risiko bzw. eine niedrigeres Risiko bei gleichbleibender Rendite möglich ist.

Zuletzt wurde in der Abbildung das „varianzminimale Portfolio" gekennzeichnet. Dieses Portfolio weist das geringste Risiko auf. Alle Punkte unterhalb des varianzminimalen Portfolios gehören zwar zum effizienten Rand, allerdings kann man sie nicht als „effizient" bezeichnen, da auch hier eine höhere erwartete Rendite bei gleichbleibendem Risiko bzw. eine niedrigeres Risiko bei gleichbleibender Rendite möglich ist.

Abbildung 1 zeigt demnach, dass Investoren zwischen mehreren effizienten Portfolios wählen können. Dabei birgt der Wunsch nach mehr Rendite auch gleichzeitig ein höheres Risiko. Welches Portfolio für einen Investor optimal ist, hängt von dessen Risikoaversion ab. Typischerweise verwendet man in der Literatur eine quadratische Nutzenfunktion[8], die folgende Form besitzt:

$$(6) \qquad E(U_i) = \mu_{PF} - \frac{a_i}{2}\sigma_{PF}^2$$

Dabei bezeichnet a_i den Grad der Risikoaversion eines Investors. Intuitiv kann man anhand obiger Gleichung (6) erkennen, dass ein sehr risikoaverser Investor weniger riskante und somit renditearme Portfolios bevorzugt, da er zwar einen höheren Nutzen durch eine höhere Rendite erhalten würde, allerdings diesen Nutzen durch ein höheres Risiko einbüßen würde.

In Abbildung 2 sieht man Indifferenzkurven, die die quadratische Nutzenfunktion eines Investors darstellen. Eine Indifferenzkurve zeigt typischerweise an, welche $(\sigma\text{-}\mu)$-Kombinationen den gleichen Nutzen für einen Investor erbringen.[9] Die optimalen Portfolios für jeden Investor erhält man, indem man den Tangentialpunkt zwischen der Indifferenzkurve und dem effizienten Rand bestimmt.[10] Abbildung 2 zeigt, dass

---

[7] Vgl. Markowitz,1952, S.83f.
[8] Vgl. Rachev et al., 2008, S. 96
[9] Vgl. Mondello, 2015, S. 137f.
[10] Vgl. Mondello, 2015, S. 143f.

Investoren mit grüner Indifferenzkurve Portfolio P, Investoren mit schwarzer Indifferenzkurve Portfolio Q präferieren. Weiterhin lässt sich festhalten, dass Investoren mit grüner Indifferenzkurve risikoaverser sind. Dies erkennt man nicht nur an ihrer Präferenz für das risikoärmere Portfolio P, im Vergleich zu Portfolio Q, sondern auch an der Steigung der Indifferenzkurve. Für eine Einheit mehr Risiko erwarten diese Investoren mehr Rendite als Investoren mit schwarzer Indifferenzkurve.

Abbildung 2: optimale Portfolios mit unterschiedlichen Nutzenfunktionen

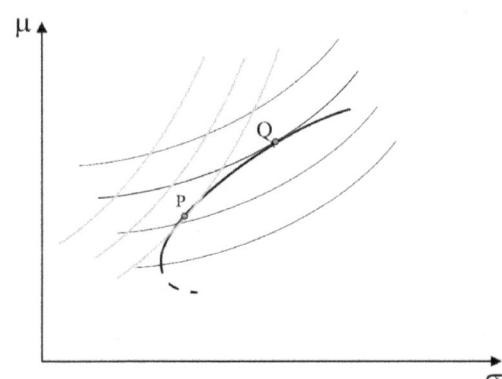

2.4. Portfoliotheorie nach Markowitz mit risikolosem Zinssatz

In den Annahmen wurde schon erwähnt, dass Investoren die Möglichkeit offen steht, einen Teil ihres Vermögens in effiziente Portfolios zu investieren oder zum risikolosen Zinssatz r_f anzulegen beziehungsweise im Extremfall Geld aufzunehmen, um dieses zusätzlich in effizienten Portfolios zu investieren. Ist dies der Fall, kann man das Rendite- und Risikoprofil auf folgende Weise formulieren:

(7) $$E(R_P) = w_1 \times r_f + (1 - w_1) \times \mu_{PF}$$

(8) $$\sigma_P^2 = w_1^2 \sigma_f^2 + (1 - w_1)^2 \sigma_{PF}^2 + 2w_1(1 - w_1) \times Cov(r_f, \mu_{PF})$$

$E(R_P)$ bezeichnet hier die gewichtete Rendite aus risikolosem Zinssatz und der erwarteten Rendite eines effizienten Portfolios. σ_P^2 ist dann die gewichtete Varianz aus

8

risikoloser und riskanter Anlage. Da der risikolose Zinssatz nicht riskant ist und folglich auch keinen linearen Zusammenhang zur erwarteten Rendite eines effizienten Portfolios aufweist, müssen die Terme $w_1^2 \sigma_f^2$ und $2w_1(1-w_1) \times Cov(r_f, \mu_{PF})$ gleich null sein. Aus Gleichung (8) folgt diese Formulierung für das Risiko der oben genannten Portfolios:

(9) $$\sigma_P^2 = (1 - w_1)^2 \sigma_{PF}^2$$

Durch Zusammenfassen der Gleichungen (7) und (9) erhalten wir schließlich eine neue Gleichung:

(10) $$E(R_P) = r_f + \frac{E(r_M) - r_f}{\sigma_M} \sigma_P \,^{11}$$

Gleichung (10) wird in der Literatur auch als die Kapitalmarktlinie bezeichnet[12] Betrachtet man die Kapitalmarktlinie in einem (σ-μ)-Koordinatensystem, so erkennt man, dass diese, wie der Name schon verrät, eine Gerade ist und die Ordinatenachse beim risikolosen Zinssatz r_f schneidet. Die Steigung ist der Quotient aus der Überrendite des Marktportfolios r_M und aus dem Risiko des Marktportfolios σ_M. Mathematisch betrachtet ist das Marktportfolio der Tangentialpunkt zwischen der Kapitalmarktlinie und der Effizienzkurve, wie in Abbildung 3 deutlich wird. Die Besonderheit des Marktportfolios ist die Kombination größtmöglicher Diversifikation sowie dem günstigsten Risiko/Rendite-Verhältnis. Unter der Annahme, dass alle Investoren über den gleichen Zugang zu Informationen verfügen und gleiche Erwartungen über die Rendite und das Risiko aller Wertpapiere besitzen, wird jeder Investor in dieses Marktportfolio investieren.[13] Die Entscheidung, welches Portfolio aus der Palette der effizienten Portfolios zu wählen ist, ist somit irrelevant geworden.

[11] Vgl. Mondello, 2015, S. 143f.
[12] Vgl. Kremer, 2006, S. 95
[13] Vgl. Bodie et al., 2011, S. 282

Abbildung 3: Kapitalmarktlinie und Marktportfolio

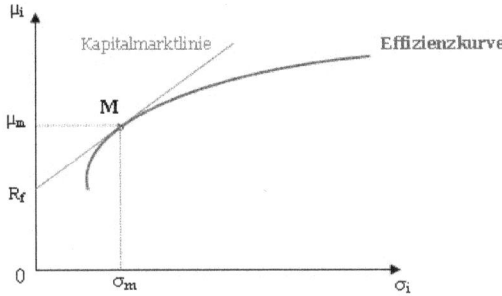

Investoren müssen nur noch entscheiden, welchen Anteil ihres Vermögens sie in das Marktportfolio investieren und welchen sie zum risikolosen Zinssatz anlegen. Diese Entscheidung lässt sich wiederrum durch die Nutzenfunktionen, die durch Gleichung (6) repräsentiert werden, darstellen.

In einem vorherigen Abschnitt wurde bereit erläutert, dass risikoscheue Investoren bestrebt sind, Risiko zu vermeiden und dass risikofreudige Investoren bereit sind, für eine höhere Rendite auch mehr Risiko in Kauf zu nehmen. Daher würden risikoscheue Investoren eher ein Portfolio wählen, das auf der Kapitalmarktlinie links vom Marktportfolio gelegen ist, während risikofreudigere Investoren ihr ganzes Vermögen und eventuell zusätzlich aufgenommenes Geld in das Marktportfolio investieren. Im Fall der Investition von zusätzlich aufgenommenem Geld befinden sich diese Portfolios rechts vom Marktportfolio auf der Kapitalmarktlinie.

Abbildung 4: Kapitalmarktlinie und Marktportfolio mit Indifferenzkurven

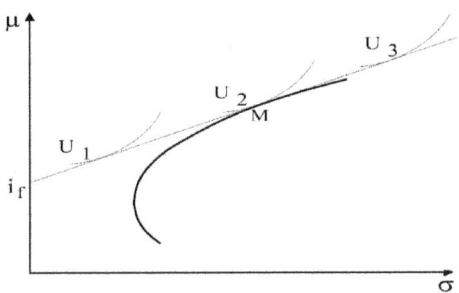

Zusammenfassend liefert die Portfoliotheorie von Markowitz mit Hilfe gewisser Annahmen eine Lösung für die Problemstellung, wie risikoscheue Investoren, die Aktien oder Portfolios nach der erwarteten Rendite µ und nach dem Risiko σ beurteilen, rational entscheiden können. Sollte keine Möglichkeit einer risikolosen Anlage bestehen, müssen sich Investoren zwischen verschiedenen effizienten Portfolios entscheiden. Ist jedoch eine risikolose Anlage möglich, so gibt es ein Marktportfolio, das jeder Investor für unterschiedliche Anteile des Vermögens auswählt.

2.5. Kritische Würdigung des Modells

In diesem Abschnitt soll die Portfoliotheorie von Markowitz mit besonderem Augenmerk auf die getroffenen Annahmen kritisch gewürdigt werden.

In seinem Modell nimmt Markowitz an, dass Aktienrenditen generell normalverteilt sind. Allerdings sprechen einige Fakten dafür, dass Aktienrenditen einer anderen Verteilung beziehungsweise nicht der Normalverteilung folgen.

So hat die Normalverteilung das Aussehen einer Glocke, weshalb sie auch als Glockenkurve bezeichnet wird. Das genaue Aussehen der Normalverteilung wird maßgeblich vom Erwartungswert µ und von der Standardabweichung σ bestimmt. Die Kurve hat beim Erwartungswert ihr Maximum, während die Standardabweichung die Breite der Kurve bestimmt, wobei dennoch Werte zwischen -∞ und +∞ möglich sind.[14] Aktienrenditen können theoretisch Werte bis zu +∞ annehmen, sie können allerdings nie um mehr als 100% sinken. Deshalb würden Werte zwischen -∞ und -1 fälschlicherweise in die Analyse des optimalen Portfolios einfließen.[15]

Als weiteres Beispiel können hohe Kurseinbrüche bei Börsencrashs herangezogen werden. Nach dem Gaußschen Modell dürfte ein „Börsenkrach" wie im Oktober 1987 nur einmal in 10 hoch 87 Jahren vorkommen. In der Realität beobachtet man jedoch weitaus häufiger große Kursschwankungen am Aktienmarkt.[16]

Als Risikomaß verwendet Markowitz die Varianz beziehungsweise die Standardabweichung. Dieses Risikomaß hat allerdings die Eigenschaft, dass positive Abweichungen vom Erwartungswert den gleichen Einfluss wie negative Abweichungen haben. Gemäß Modell hätten also auch für den Investor vorteilhafte

---

[14] Vgl. Bleymüller, 2012, S. 60
[15] Vgl. Springer Fachmedien Wiesbaden "(Hrsg.)", 2013, S. 92f.
[16] Vgl. Mandelbrot und Hudson, 2004, S.12f.

Abweichungen eine negative Auswirkung auf die Risikoeinschätzung der Aktie beziehungsweise des Portfolios. Geeignetere Risikomaße werden in einem späteren Abschnitt behandelt.

Neben der Standardabweichung verwendet Markowitz die Kovarianz, um das Risiko von Portfolios zu berechnen. In der Theorie ist dieses Maß durchaus geeignet, allerdings ist sie in der Praxis mit gewissen Herausforderungen verbunden. Für die Zusammenstellung eines Portfolios bedarf es nämlich neben den einzelnen Erwartungswerten und Standardabweichungen auch der zugehörigen Kovarianzen aller Vermögenswerte, die sich im Portfolio befinden. Bei zehn Vermögenswerten müsste man demnach $10 \times (10-1)/2 = 45$ Kovarianzen schätzen. Vereinfachen lässt sich dies durch Verwendung des Single-Index-Modells, bei dem weniger Parameter geschätzt werden müssen.[17]

Gemäß einer weiteren Annahme der Portfoliotheorie sind die Kapitalmärkte vollkommen und effizient sind. Dies hätte zur Folge, dass sich aus der Vergangenheit keine verlässlichen Schlüsse auf die Zukunft ziehen ließen und diese generell nicht vorhersehbar seien. [18] Dennoch basiert ein großer Teil der Portfoliotheorie auf Schätzungen etwa der zukünftigen Renditen, der Standardabweichungen und somit der Kovarianzen. Dabei haben Schätzfehler bei der Bewertung der zukünftigen Renditen enorme Auswirkungen auf die Gestaltung des optimalen Portfolios und der Asset Allocation. So konnte man zeigen, dass effiziente Portfolios eine schlechtere Performance als ineffiziente Portfolios geliefert haben.[19]

Eine weitere Annahme besagt, dass Investoren lediglich während einer Periode investieren. Dies wurde aus Vereinfachungsgründen zwar angenommen, spiegelt jedoch nicht die Realität wider, da Investoren ihr Vermögen häufig über mehrere Perioden anlegen. Eine Anpassung des Modells auf mehrere Perioden wäre deshalb notwendig, um die Realität genauer abzubilden. Dies würde allerdings das Modell um ein Vielfaches verkomplizieren und den ohnehin schon hohen Datenbedarf weiter erhöhen.

Das $(\sigma\text{-}\mu)$-Prinzip setzt eine quadratische Risikonutzenfunktion der Anleger voraus. Quadratische Nutzenfunktionen haben aber die zweifelhafte Eigenschaft, dass Investoren im Falle von steigenden Renditeerwartungen risikoscheuer werden.[20]

---

[17] Vgl. Sharpe, 1963, S. 277

[18] Vgl. Fama, 1970, S.389ff.

[19] Vgl. Böhm und Wenzelburger, 2004, S. 737

[20] Vgl. Hanoch und Levy, 1970, S. 182

Auch wenn die Portfoliotheorie von Markowitz angesichts der vielen Annahmen und der somit engen Anwendungsvoraussetzungen praktisch nicht leicht durchführbar ist, werden wichtige Zwischenschritte bei der Wertpapierauswahl wie Diversifikation und stochastische Abhängigkeiten herausgearbeitet, weshalb auch das Risiko von einzelnen Wertpapieren nicht ausschlaggebend ist.

Tatsächlich wird noch heute der Ansatz von Markowitz von diversen Asset Manager zur Strukturierung von Portfolios institutioneller Kunden verwendet. Darüber hinaus war dieser Ansatz auch stets ein Grundbaustein für weitere Arbeiten auf diesem Gebiet. So wurde dieser auf vielfältige Weise verfeinert und weiter entwickelt[21]

3. Erweiterungen der Portfoliotheorie nach Markowitz

Im Folgenden werden die Erweiterungen des Portfolioansatzes von Markowitz analysiert und anschließend alternative Portfoliotheorien beleuchtet. Diese Ansätze versuchen durch Änderung der Annahmen oder Methoden, die Probleme im Zuge der Portfoliooptimierung zu minimieren. Es werden Erweiterungen vorgestellt, die die Annahme der Normalverteilung von Renditen verwerfen und deshalb auf eine andere Verteilung, die die Realität besser abbildet, zurückgreifen. Außerdem wird sich dieser Abschnitt mit alternativen Risikomaßen beschäftigen und analysieren, welchen Einfluss diese auf die Portfoliooptimierung ausüben. Zudem müssen, wie bereits erwähnt wurde, die Parameter Erwartungswert, Standardabweichung und Kovarianz geschätzt werden. Hieraus resultierende mögliche Schätzfehler können zur Folge haben, dass das optimale Portfolio zum Beispiel über- oder unterbewertet wird. Es existieren jedoch Ansätze, die zum Ziel haben, genau diese Schätzfehler zu minimieren.

3.1. Änderung der Verteilungsannahmen

In diesem Abschnitt soll die Lognormalverteilung herausgearbeitet werden, da diese Verteilung Anwendung im Zuge des weit verbreiteten finanzmathematischen Modells zur Bewertung von Optionen findet.

Eine Zufallsvariable X ist zu den Parametern m und v dann lognormalverteilt, wenn ihr Logarithmus LN(X) zu den Parametern m und v normalverteilt ist. Im Gegensatz zur

---

[21] Vgl. Rubenstein, 2002, S.1041ff.

Normalverteilung ist die Lognormalverteilung eine stetige Wahrscheinlichkeitsverteilung. Somit entsteht eine logarithmisch normalverteilte Zufallsvariable als Produkt vieler positiver Zufallsvariablen und nicht als deren Summe wie im Fall der Normalverteilung.[22]

Dabei sieht die Dichtefunktion einer Lognormalverteilung folgendermaßen aus:

(11) $$f(X) = \frac{1}{\sqrt{2\pi}vX} \exp(-\frac{(\ln(X)-m)^2}{2v^2})$$

mit

(12) $$E(X) = e^{m+\frac{1}{2}v^2},$$

(13) $$Var(X) = e^{2m+v^2} \times (e^{v^2} - 1)$$

bzw.

(14) $$Std(X) = E(X) \times \sqrt{e^{v^2} - 1}.$$

Wenn man allerdings gezwungen ist, die Parameter m und v^2 zu schätzen, so erhält man diese durch folgende Gleichungen:

(15) $$v^2 = \ln(1 + \frac{Var(X)}{E(X)^2})$$

(16) $$m = \ln(E(X)) - \frac{1}{2}v^2$$

Betrachtet man nun wieder das weiter oben geschilderte Optimierungsproblem, so stellt man fest, dass sich an diesem Problem nichts Grundlegendes geändert hat. Durch Änderung der Verteilungsannahme müssen keine neuen Parameter geschätzt, sondern nur in die Gleichungen (15) und (16) eingesetzt werden, um schließlich die Erwartungswerte und die Varianzen durch die Gleichungen (12) und (13) zu bestimmen. Eine Möglichkeit, die Kovarianzen zweier lognormalverteilter Zufallsvariablen zu berechnen, ist durch Gleichung (4.2.) gegeben. Da die Terme μ_i, μ_j durch Gleichung (12) definiert sind, muss lediglich noch ein Ausdruck für den Term $E(r_i \times r_j)$ gefunden werden. Grundsätzlich ist das Produkt von unabhängig lognormalverteilten Zufallsvariablen ebenfalls lognormalverteilt. Allerdings ist das Produkt anders lognormalverteilt als die beiden Faktoren, was an dieser Stelle nicht weiter erläutert werden soll. Wenn also die Verteilung des Produkts erfolgreich bestimmt wurde, kann

---

[22] Vgl. Mosler und Schmidt, 2006, S. 111ff.

der Erwartungswert des Produktes durch Gleichung (12) und somit anschließend die Kovarianz berechnet werden.

Durch einen Vergleich der Performance von effizienten Portfolios, die entweder die Normalverteilung oder die Lognormalverteilung annehmen, könnte man zeigen, ob die Lognormalverteilung bessere Ergebnisse liefern kann und somit ob die Kritik an der Normalverteilung angebracht ist. Dies stellt einen möglichen Anknüpfungspunkt für weitere Untersuchungen dar.

Einige Mathematiker wie Benoît Mandelbrot argumentieren allerdings, dass nicht die Lognormalverteilung, sondern die Log-Levy-Distribution, die zu den „*heavy-tailed distributions*" gehört, eine geeignetere Verteilung wäre, insbesondere für die Analyse von Börsencrashs.[23] Alternativ findet man in der Literatur auch solche Verteilungen, die zusätzliche Parameter wie die Schiefe in ihrer Wahrscheinlichkeitsverteilung verwenden.[24] So hat Adcock in seiner in 2009 veröffentlichten Arbeit die multivariate Schiefe-Normalverteilung verwendet. Hier muss der effiziente Rand nicht mehr zweidimensional, sondern dreidimensional dargestellt werden [25], wodurch das Optimierungsproblem an Komplexität zunimmt. Jedoch wird dies nicht weiter behandelt, da es den Umfang dieser Arbeit sprengen würde.

Demnach wäre es also sinnvoll, nicht nur Aktienrenditen durch Verteilungen zu approximieren, sondern auch die Performance von effizienten Portfolios zu vergleichen, um Ergebnisse bezüglich ihrer Zweckmäßigkeit zu erhalten.

3.2. Änderung des Risikomaßes

Wie bereits erwähnt hat neben den Verteilungsmaßnahmen die Verwendung der Varianz oder der Standardabweichung als Risikomaß Kritik hervorgerufen.

Fragt man Investoren, was Risiko im Einzelnen für sie bedeutet, so erhält man drei verschiedene Antworten, die alle von der Risikodefinition von Markowitz abweichen. Risiko bedeutet für Investoren, dass man entweder mit einem Investment möglicherweise Teile seines Geldes verliert oder dass das Investment schlechter

---

[23] Vgl. Mandelbrot und Hudson, 2004, S.12f.
[24] Vgl. Adcock, 2009, S. 222
[25] Vgl. Adcock, 2009, S.230

abschneidet als eine bestimmte Benchmark oder dass das Investment eine Zielrendite nicht erwirtschaftet.[26]

Aus diesem Grund sollen im Folgenden zwei alternative Risikomaße, die die Risikowahrnehmung von Investoren besser abbilden, eingeführt und definiert werden. Ziel ist es, durch diese Risikomaße das klassische Optimierungsproblem von Markowitz adäquater zu lösen.

3.2.1. Value-at-Risk

Der Value-at-Risk ist ein Risikomaß, der von verschiedenen Einrichtungen wie Kreditinstituten, Versicherungen, Aufsichtsbehörden etc. verwendet wird. [27] Diese Kennzahl gibt an, welchen Verlust ein Portfolio innerhalb eines festgelegten Zeitraums mit einer gewissen Wahrscheinlichkeit maximal hinnehmen muss.

Mathematisch lässt sich der Value-at-Risk unter der Annahme einer Normalverteilung folgendermaßen beschreiben:

$$(17) \qquad VaR_\propto = V \times (N_\propto \sigma - \mu)$$

V bezeichnet hier den heutigen Wert eines Investitionsobjektes, μ den Erwartungswert, σ die Standardabweichung und $N_\propto$ den Wert der Verteilungsfunktion der Standardnormalverteilung zum Konfidenzniveau α.

In ihrer Arbeit „Value-at-Risk Based Portfolio Optimization" stellt Amy v. Puelz drei Techniken vor, um das klassische Optimierungsproblem von Markowitz auf Basis des Value-at-Risks zu lösen.

Die erste Methode zur VaR-Schätzung beinhaltet eine geschlossene Lösung mit Hilfe der Varianz/Kovarianz-Matrix von Wertpapierrenditen. Diese Vorgehensweise sei zwar der einfachste und verständlichste Weg, da diese direkt auf Ableitung des effizienten Randes hinführe. Allerdings unterstellt Puelz hier wieder eine Normalverteilung der Renditen, was bereits als problematisch herausgearbeitet wurde.

---

[26] Vgl. Fredman, 1996, S. 25
[27] Vgl. Adams et al., 2014, S. 575

In ihrer Arbeit zeigt sie auf, dass diese Vorgehensweise nicht immer zu plausiblen Lösungen führe, da je nach Änderung der Parameter bei der Portfoliooptimierung das varianzminimale Portfolio oder das Portfolio mit der maximalen Rendite das optimale Portfolio sei.[28]

Bei der zweiten Methode verwendet die Autorin historische Daten, um den Value-at-Risk zu schätzen. Dabei werden Tages-, Wochen-, Monats- und Quartalsrenditen herangezogen, um mögliche Zukunftsrenditen zu simulieren. Dieser Ansatz habe den Vorteil, dass keine Annahmen über die Verteilung der Rendite zu treffen seien, er sei allerdings weniger sensitiv gegenüber Marktveränderungen.

Auch hier kommt der Autor zu dem Schluss, dass unter den als optimal geltenden Portfolios relativ konservative als auch riskante Portfolios zu finden sind. Gründe hierfür können die Nebenbedingungen, die der Autor bei der Portfoliooptimierung setzt, oder auch die Kurtosis des verwendeten Datensatzes sein.[29]

Die dritte Technik zur Messung des Value-at-Risks beruht auf einer Monte-Carlo-Simulation. Diese ist ein Verfahren, bei dem auf Basis einer sehr großen Zahl gleichartiger Zufallsexperimente analytisch nicht oder nur schwer lösbare Probleme numerisch gelöst werden. Monte-Carlo-Frameworks belegen, dass diese die besten Schätzungen des Value-at-Risks liefern.[30] Wenn perfekte Informationen über das zukünftige Renditeverhalten erhältlich sind, dann übertrifft der Ansatz mit der Monte-Carlo-Simulation die anderen zwei Vorgehensweisen. Des Weiteren liefern die optimalen Portfolios, die aus diesem Ansatz resultieren, eine deutlich bessere Performance als die optimalen Portfolios, bei der die Standardabweichung als Risikomaß verwendet wird.[31]

Allerdings hat der Value-at-Risk-Ansatz auch Schwächen. So setzt dieser Ansatz liquide Märkte voraus, da er sonst keine konsistenten Lösungen liefern kann.[32] Außerdem liefert der Value-at-Risk-Ansatz keine Information über das durchschnittliche Schadensausmaß, wenn die Rendite eine festgelegte Schwelle unterschreitet. Im nächsten Abschnitt wollen wir uns deshalb mit dem Expected Shortfall beschäftigen, da dieses Risikomaß solche Aussagen liefert.

---

[28] Vgl. Puelz, 2001, S.9f
[29] Vgl. Puelz, 2001, S.10f.
[30] Vgl. Pritsker, 1996, S. 40
[31] Vgl. Puelz, 2001, S.12ff.
[32] Vgl. Muranaga und Ohsawa, 1997 , S.204

3.2.2. Expected Shortfall

Im Gegenzug dazu kann der Expected Shortfall, auch Conditional Value-at-Risk genannt, als Risikomaß solche Aussagen liefern. Er ist definiert als der erwartete Verlust für den Fall, dass der Value-at-Risk tatsächlich überschritten wird. Somit ist er der wahrscheinlichkeitsgewichtete Durchschnitt aller Verluste, die höher sind als der Value-at-Risk.

Mathematisch lässt sich der Expected Shortfall folgendermaßen beschreiben:

(18) $$SE_z = E[z - x|X < z] * P(X < z)$$

Der Term $E[z - x|X < z]$ kann interpretiert werden als ein Maß für den mittleren Betrag der Unterschreitung der angestrebten Zielrendite z, unter der Bedingung, dass ein Shortfall eintritt. Der Term $P(X < z)$ gibt die Wahrscheinlichkeit an, dass ein Shortfall eintritt. Somit ist der Expected Shortfall eine Produkt der mittleren Verlustschwere und der Verlustwahrscheinlichkeit.[33]

Betrachtet man hier wieder das Optimierungsproblem, so wird das Risiko anhand des Expected Shortfalls für eine gegebene erwartete Rendite minimiert. Wie im Falle des Value-at-Risks muss hierfür ein Konfidenzniveau beziehungsweise eine Zielrendite gewählt werden, die nicht unterschritten wird. In ihrer Arbeit haben Krokhmal et al. zunächst den effizienten Rand für verschiedene Konfidenzniveaus berechnet. Je höher das Konfidenzniveau war, desto tiefer war der effiziente Rand in einem (ES-µ)-Koordinatensystem. Dabei haben sie beobachtet, dass der effiziente Rand ab einer gewissen Rendite „inaktiv" wurde beziehungsweise es war nicht möglich, eine höhere Rendite zu erzielen, während die Nebenbedingungen noch eingehalten wurden.[34]

Schließlich haben sie Mean-Variance-Portfolios mit Mean-ES-Portfolios verglichen und kamen zu dem Ergebniss, dass die Mean-Variance-Portfolios in einem (σ-µ)-Koordinatensystem generell höher als die Mean-ES-Portfolios liegen. Das bedeutet, dass Mean-Variance-Portfolios für verschiedene Niveaus der Standardabweichung eine höhere Rendite abwerfen. Allerdings haben die Autoren auch herausgefunden, dass in einem (ES-µ)-Koordinatensystem Mean-ES-Portfolios für verschiedene Niveaus des

---

[33] Vgl. Kremer, 2011, S. 365f.
[34] Vgl. Krokhmal, 2002, S. 17

Expected Shortfalls eine höhere Rendite erzielen. Es wird jedoch betont, dass die Unterschiede nicht signifikant sind, weshalb beide Ansätze sowohl im (σ-μ)-Sinne als auch im optimal (ES-μ)-Sinne optimal sind.[35]

Ein möglicher Nachteil des Expected-Shortfall-Ansatzes ist die schwierigere Implementierung als beim Mean-Variance-Ansatz. Weiterhin muss vorher festgelegt werden, welche Zielrendite zu verwenden ist, was für viele Investoren eine Herausforderung darstellen kann.

3.3. Schätzfehler

Die Mean-Variance-Optimierung nach Markowitz setzt die Kenntnis der erwarteten Renditen und ihrer Varianzen und Kovarianzen voraus. In der Praxis ist es nicht möglich, die tatsächlichen Werte für die unbekannten Parameter μ und σ zu kennen. Sie müssen also geeignet geschätzt werden. Doch diverse Studien belegen, dass schon kleine Schätzfehler einen erheblichen Effekt auf die Gewichtungen innerhalb eines Portfolios und somit auf die Effizienz haben.[36]

Demnach lohnt ein Blick auf die verschiedenen Methoden zum Schätzen der Parameter des Mean-Variance-Optimierungsproblems.

3.3.1. Maximum-Likelihood-Schätzer

Der Maximum-Likelihood-Schätzer ist eine der klassischen Schätzmethoden und bezeichnet in der Statistik ein parametrisches Verfahren.

Bei der Maximum-Likelihood-Methode wird versucht, mit Hilfe einer Stichprobe wichtige Kennwerte zu schätzen. Im Fall des Optimierungsproblems sind die Erwartungswerte, Varianzen und Kovarianzen die gesuchten Parameter. Die Schätzung der Parameter hat zum Ziel, die Maximum-Likelihood-Funktion zu maximieren. Die Funktion selbst ist vom Parameter θ abhängig und wird Folgendermaßen definiert:

$$(19) \qquad L(\theta) = f(x_1; \theta) \times \ldots \times f((x_n; \theta) = \prod_{i=1}^{n} f(x_i; \theta)$$

---

[35] Vgl. Krokhmal, 2002, S. 18
[36] Vgl. Frankfurter el al., 1976, S. 195

Wird diese Funktion nun in Abhängigkeit von θ maximiert, erhält man so den ML-Schätzer $\hat{\theta}$ für θ.[37]

Der Grund für die häufige Verwendung des ML-Schätzers liegt an den ihm zugeschriebenen Eigenschaften. Er gilt als konsistent, asymptotisch normalverteilt, asymptotisch erwartungstreu und asymptotisch effizient. Allerdings beruht der ML-Schätzer auf einer Verteilungsannahme. Ist diese Annahme jedoch verletzt, liefert der ML-Schätzer keine konsistenten Ergebnisse. Die Vorteile der ML-Schätzung kommen auch nur dann zum Tragen, wenn die Stichprobe eine gewisse Mindestgröße überschreitet; in kleinen Stichproben können andere Schätzer bessere Eigenschaften aufweisen.[38]

3.3.2. Bootstrapping

Das Bootstrapping ist ein Verfahren zur Minimierung von Schätzfehler, die durch Schätzfehler entstehen. Dabei werden wiederholt verschiedene Datensätze auf Grundlage einer Stichprobe erstellt.

Schätzt man beim arithmetischen Mittel oder bei der ML-Methode den Erwartungswert aus einer begrenzten Menge von historischen Renditen, so werden beim Bootstrapping aus der begrenzten Menge der historischen Renditen N wiederholt Ziehungen mit Zurücklegen durchgeführt, um anschließend aus den Durchschnitten der Ziehungen den Erwartungswert zu berechnen. Diese Vorgehensweise kann zudem für die Varianzen und für die Kovarianzen angewendet werden. Vorteil dieser Methode ist, dass eine Kenntnis der Verteilung der Stichprobe nicht gegeben sein muss, was das aus dem vorherigen Abschnitt bekannte Problem einer falschen Verteilung löst.[39] Weiterhin führt diese Methode im Vergleich zu Mean-Variance-Portfolios als stabiler und diversifizierter.[40]

---

[37] Vgl. Wolf (Hrsg.), 2007, S.172f.
[38] Vgl. Best (Hrsg.), 2010, S. 205
[39] Vgl. Marcikic und Radovanov, 2012,S.71f.
[40] Vgl. Marcikic und Radovanov, 2012, S.78

3.3.3. Heuristische Ansätze

Als weitere Methode stehen heuristische Ansätze offen, bei denen trotz unvollständigem Wissen eine anwendbare Lösung hergeleitet wird. Am häufigsten werden heuristische Verfahren bei Problemen angewendet, bei denen man die objektiv geeignetsten unter mehreren möglichen Lösungen sucht oder wenn der Ressourcenverbrauch für anderweitige Verfahren zu hoch ist.[41]

Ein einfaches Beispiel eines solchen Ansatzes ist die 1/n-Heuristik. Hierbei werden verschiedene Vermögenswerte gleichgewichtet in einem Portfolio zusammengefasst. Diese Methode ist vergleichsweise einfach und führt nicht automatisch zu einem optimalen Portfolio, da einzelne Risiken sowie Kovarianzen zwischen den Wertpapieren nicht berücksichtigt werden. Allerdings ist dies eine Methode, die private Investoren gerne bei ihren Investitionsentscheidungen verwenden und die trotz ihrer Einfachheit ein hohes Diversifikationspotential aufweist, vorausgesetzt die einzelnen Vermögenswerte sind zu einem gewissen Grad diversifiziert. [42] Allerdings zeigen Studien, dass dieser Ansatz auch auf Grund der erwähnten Einfachheit eine Minderung des Nutzens von über 25% bedeuten könnte.[43]

Ein komplexerer, aber dennoch vergleichsweise einfach zu implementierender heuristischer Ansatz ist das sogenannte Simulated annealing. Das Verfahren wird zum Bestimmen einer approximativen Lösung von Optimierungsproblemen durch Algorithmen eingesetzt, die auf Grund ihrer hohen Komplexität das Trial-and-Error-Verfahren sowie einfache mathematische Verfahren ausschließen.[44]

Crama und Schyns haben in ihrer Studie dieses Konzept auf komplexe Probleme der Portfolioselektion unter Einbeziehung unterschiedlicher Nebenbedingungen angewendet. Sie kommen zu dem Schluss, dass ihr verwendeter Algorithmus es erlaubt, den effizienten Rand für „mittelgroße" Probleme in akzeptablen Rechenzeiten anzunähern. Der Algorithmus ist darüber hinaus in der Lage, mehrere Arten von Nebenbedingungen, die in der Literatur nicht verwendet werden, zu behandeln. Obwohl es einen klaren Kompromiss zwischen der Qualität der Lösungen und der erforderlichen Zeit, die benötigt wird, um die Gewichte im Portfolio zu berechnen, sei diese Methode

---

[41] Vgl. Weinard, 2006, S.4
[42] Vgl. Benartzi und Thaler, 2001, S. 79
[43] Vgl. Benartzi und Thaler, 2001, S. 96
[44] Vgl. Crama und Schyns, 2003, S. 551f.

vielseitig verwendbar, da es nicht auf restriktive Eigenschaften des Modells beruht. Zum Beispiel könne die Zielfunktion durch andere Risikomaße ersetzt werden, ohne dass der Algorithmus verändert werden müsse.[45]

Ein weiterer heuristischer Optimierungsalgorithmus ist die Schwellenakzeptanz (englisch threshold accepting). Verfahren dieses Typs werden meist eingesetzt, wenn die Komplexität des Problems, also die Anzahl der möglichen Lösungen, so groß ist, dass auch hier ein Trial-and-Error-Verfahren keinen Erfolg verspricht. Aufgrund ihrer einfachen Struktur findet dieses Verfahren häufig dann Anwendung, wenn keine komplexere Lösung als Ausprobieren existiert oder bekannt ist. Vorgestellt wurde der Schwellenakzeptanz-Algorithmus 1990 von Dueck und Scheuer als eine Abwandlung des Verfahrens der Simulated Annealing.[46]

Ähnlich zum Simulated Annealing haben Gilli und Këllezi versucht eine erfolgreiche Methode der Schwellenakzeptanz aufzuzeigen, um realistische nicht-konvexe Portfoliooptimierungsprobleme zu lösen. Sie konnten darlegen, dass in Fällen von Optimierungsproblemen mit nicht-linearen und nicht-konvexen Nebenbedingungen heuristische Methoden der einzig erfolgsversprechende Ausweg sind.[47]

Heuristische Ansätze sind sowohl aus Privatanlegersicht wie auch aus analytischen Gründen zu bevorzugen, wenn das Optimierungsproblem zu komplex wird. Allerdings ist zu beachten, dass die Ansätze auf Grund ihrer Einfachheit lediglich Annäherungen an eine Lösung darstellen. Fehleranfällige Ergebnisse sind hier deshalb im Vergleich zu anderen Ansätzen wahrscheinlicher. Auch hier besteht Bedarf für weitergehende Forschungen bezüglich der Performance solcher Portfolios, um das Potenzial heuristischer Ansätze zu analysieren.

---

[45] Vgl. Crama und Schyns, 2003, S. 569f.
[46] Vgl. Gilli und Këllezi, 2000, S. 8ff.
[47] Vgl. Gilli und Këllezi, 2000, S. 16

4.   Alternative Ansätze

Im Folgenden werden alternative Ansätze der Portfoliotheorie vorgestellt. Neben dem Bayesianischen Ansatz sollen das Black-Literman-Verfahren, welches als Erweiterung des Bayesianischen Ansatzes angesehen werden kann und die Behavioral Portfoliotheorie analysiert werden. Letztere verfolgt im Gegensatz zu den anderen Modellen und Erweiterungen der Mean-Variance-Optimierung einen andersartigen Ansatz.

4.1.   Bayesianischer Ansatz

Der bayesianische Ansatz der Portfoliotheorie beruht hauptsächlich auf der Bayesschen Statistik.

Im Gegensatz zur Bayessche Statistik beruht die frequentistische Wahrscheinlichkeitstheorie etwa auf dem Ansatz, dass θ einen wahren Wert hat und dieser mit Hilfe von Schätzverfahren wie der erläuterten Maximum-Likelihood-Methode annähernd bestimmt werden kann. Die Lösung dieser Punktschätzung ist der Schätzwert $\hat{\theta}$.

Die Bayessche Statistik hingegen sieht θ als Zufallsvariable. Anders als die klassische Statistik gibt sie demnach für θ keinen Wert an, sondern eine Verteilung oder die sogenannte „A-posteriori-Verteilung". Die A-posteriori-Verteilung kann definiert werden, als die Multiplikation zwischen der „A-priori-Verteilung" und der „Likelihood". Oder anders ausgedrückt, wird eine bestehende Vorahnung über die zu untersuchende Variable mittels der sogenannten die A-priori-Verteilung beschrieben und mit einer neuen Stichprobe kombiniert. Daraus resultiert die sogenannte A-posteriori-Wahrscheinlichkeitsverteilung, die im Vergleich zur A-priori-Verteilung eine neue und verbesserte Wahrscheinlichkeitsverteilung der zu untersuchenden Variablen darstellt.[48]

Betrachtet man hier wieder das klassische Optimierungsproblem von Markowitz, dann wurden bis hierhin die unbekannten Parameter Erwartungswert, Varianz und Kovarianzen punktuell durch Schätzverfahren bestimmt. Wie bereits erläutert birgt dieser Ansatz das Risiko von Schätzfehler, die erheblichen Einfluss auf die Effizienz

---

[48] Vgl. Tschirk, 2014, S.85-89

eines Portfolios ausüben können. Alternativ besteht die Möglichkeit, die optimalen Gewichte eben nicht mehr durch Punktschätzungen, sondern durch den Ansatz von Bayes zu berechnen.

Gemäß Avramov und Zhou wird der Ansatz von Bayes eine zunehmende Rolle bei Investitionsentscheidungen spielen, da potenziell relevante Informationen im Zuge der Optimierung herangezogen, die im klassischen Ansatz ignoriert werden.[49] Eine andere Studie kommt zu dem Schluss, dass unter der Annahme normalverteilter Renditen der Bayes-Ansatz dem klassischen Ansatz überlegen ist.[50] Allerdings verliere dieser seine Überlegenheit gegenüber dem klassischen Ansatz im Falle „extremer" Renditen, also von Renditen, die nicht normalverteilt sind.[51]

4.2. Black-Litterman-Verfahren

Das Black-Litterman-Modell ist ein Asset-Allocation Modell, entwickelt im Jahre 1990 von Fischer Black und Robert Litterman, welches Ideen aus dem Capital Asset Pricing Model (nachfolgend: CAPM) mit den Ideen des Optimierungsproblems von Markowitz kombiniert. Dabei versuchen Black und Litterman die Probleme der Inputsensitivität, der intuitiven und hochkonzentrierten Portfolios und der Schätzfehler zu überwinden.[52] Das Modell beginnt mit der Berechnung der erwarteten Rendite durch Investoren mittels des CAPM. Das CAPM ist ein Kapitalmarktgleichgewichtsmodell, das auf die Portfoliotheorie von Markowitz aufbaut und von William F. Sharpe, John Lintner und Jan Mossin in den 1960er Jahren entwickelt wurde. Ziel des CAPM ist die Ermittlung des fairen Preises von Wertpapieren. Dafür wird folgende Formel verwendet:

$$(20) \qquad \mu_i = r_f + \left(\mu_M - r_f\right) \times \beta_i \; mit \; \beta_i = \frac{Cov(r_M, r_i)}{\sigma_M^2}$$

Die erwarte Rendite μ_i setzt sich zusammen aus dem risikolosen Zinssatz r_f und dem Produkt aus der Risikoprämie $\mu_M - r_f$ und dem Betafaktor β_i. μ_M bezeichnet hier die erwartete Rendite des Marktportfolios, während β_i der Quotient aus der Kovarianz

---

[49] Vgl. Avramov und Zhou, 2010, S. 44
[50] Vgl. Passarin , 2004, S. 55
[51] Vgl. Passarin , 2004, S. 82
[52] Vgl. Idzorek, 2005, S. 1f.

zwischen Marktrendite und Rendite des Wertpapieres sowie aus der Varianz des Marktportfolios ist.[53]

Der Investor kann der mittels CAPM berechneten erwarteten Rendite eines Wertpapieres zustimmen oder nicht. Das Black-Litterman-Modell stellt diese Meinungen der Investoren und die erwartete Rendite in Form von Wahrscheinlichkeitsverteilungen dar, indem es den Bayesianischen Ansatz verwendet. Die A-posteriori-Wahrscheinlichkeitsverteilung ist somit eine Kombination beider Elemente. Die geschätzte, oder die implizite Rendite IR, die sich dann aus N Wertpapieren ergibt, wird auf folgende Weise beschrieben:

(21) $$IR = \delta\sum\omega$$

Die impliziten Renditen IR (N*1-Vektor) sind dabei das Produkt aus der Risikoaversion δ aller Investoren, der Kovarianzmatrix $\sum$ (N*N-Matrix) und den Gewichtungen gemäß ihrer Marktkapitalisierung.

Nachdem die impliziten Renditen berechnet wurden, können die erwarteten Renditen bestimmt werden, indem man die impliziten Renditen in die folgende Gleichung einsetzt:

(22) $$E(R) = [(\tau\Sigma)^{-1} + P^T\Omega^{-1}P]^{-1}[(\tau\Sigma)^{-1} \times IR + P^T\Omega^{-1}Q]$$

τ = Eine skalare Zahl, die die Unsicherheit der CAPM-Verteilung angibt

P = Eine Matrix, die die Meinungen der Investoren widerspiegelt, wobei jede Reihe eine spezifische Meinung über ein Wertpapier und jeder Anfang einer Reihe die Gewichtung angibt (K*N-Matrix)

Q = Die in der Matrix P beschriebenen Meinungen über die erwarteten Renditen (Kx1 Vektor)

Ω = Eine diagonale Kovarianzmatrix mit Einträgen der Unsicherheit in jeder Meinung (K × K-Matrix)[54]

---

[53] Vgl. Sharpe, 1964, S. 425-442
[54] Vgl. Idzorek, 2005, S. 6f.

Anschließend kann man dann die Varianzmatrix M berechnen, um basierend hierauf die neue Kovarianzmatrix zu erhalten, die die zusätzliche Varianz, die durch die Meinungen der Investoren entsteht, berücksichtigt.

(23) $$M = [(\tau\Sigma)^{-1} + P^T\Omega^{-1}P]^{-1}$$

(24) $$\Sigma_p = \Sigma + M$$

Mit der neuen Kovarianzmatrix lassen sich die neuen Portfoliogewichte berechnen, indem man in Gleichung (21) nicht nach IR, sondern nach ω auflöst.[55]

Der Vorteil des Black-Litterman-Modells ist, dass es Investoren erlaubt, nicht nur die eigene Meinung einfließen zu lassen, sondern sie auch nach ihrem Konfidenzniveau zu gewichten.

Allerdings hat dieses Modell den Nachteil, dass es Vorwissen der Investoren voraussetzt. Ist dieses Vorwissen nicht vorhanden, entsteht ihm kein Mehrwert gegenüber der Verwendung etwa des CAPM oder der Portfoliotheorie von Markowitz.

Vergleicht man abschließend das Black-Litterman-Verfahren mit dem Bayes-Ansatz, so stellt man fest, dass keiner der beiden Ansätze im Vergleich zum anderen überflüssig oder überlegen ist. Die Wahl des Modells muss auf einer Fall-zu-Fall-Basis durchgeführt werden, in Abhängigkeit vom Aufwand der Bestimmung der gesamten A-priori-Verteilung oder vereinzelter Prognosen.[56]

4.3. Behavioral Portfoliotheorie

Dieser Abschnitt wird sich mit „Behavioral Portfolio Theory", nachfolgend BPT, von Hersh Shefrin und Meir Statman beschäftigen. Die BPT stellt eine Alternative zu der Annahme dar, dass Investoren den Wert ihres Portfolios maximieren wollen. Sie schlägt stattdessen vor, dass Investoren unterschiedliche Präferenzen haben und deshalb in Portfolios investieren, die eine breite Palette von Bedürfnissen befriedigen.

Diese Theorie beruht auf der „SP/A-Theorie" von Lola Lopes und auf der „Neue Erwartungstheorie" von Daniel Kahnemann und Amos Tversky basiert.

---

[55] Vgl. Xu et al., 2008, S.3

[56] Vgl. Schöttle, 2010, S.16

4.3.1. SP/A-Theorie

Die SP/A-Theorie ist eine psychologische Theorie der Wahl unter Unsicherheit. Das „S" steht hier für „security" (deutsch: Sicherheit), das „P" für „potential (deutsch: Potenzial) und das „A" für „aspiration" (deutsch: Aspiration oder Streben). Im Vordergrund stehen also erstens die allgemeine Sorge, möglicherweise unter ein Vermögensniveau zu rutschen, zweitens das Ziel, sein Vermögen zu maximieren, und drittens der Wunsch ein bestimmtes Ziel, wie das Sichern des Existenzminimums, zu erreichen.

Lopes unterscheidet hier n-Stufen von Vermögen, die wir folgendermaßen benennen: w_1, w_2, w_3,..., w_n. Dabei ist w_1 das niedrigste und w_n das höchste Vermögensniveau. Das erwartete Vermögen kann man somit als den nach Wahrscheinlichkeiten gewichteten Durchschnitt ansehen.

(25) $$E(W) = \sum p_i \times W_i$$

Zusätzlich führt Lopes eine dekumulative Verteilungsfunktion D(x) ein. Diese gibt die Wahrscheinlichkeit an, mit der ein Vermögensniveau größer als das Existenzminimum s ist.

(26) $$D(x) = P(W \geq s)$$

Lopes stellt fest, dass man das erwartete Vermögen auch als die Summe der dekumulativen Wahrscheinlichkeiten definieren kann.

(27) $$E(W) = \sum D_i(W_i - W_{i-1})$$

Laut Formel erhält ein Investor W_1 mit Sicherheit, da $D_1 = 1$ und $W_0 = 0$ ist. $W_2 - W_1$, welches immer noch größer als W_1 ist, erhält er mit einer Wahrscheinlichkeit von D_2. Allerdings unterscheidet Lopes hier zwei Typen von Investoren, nämlich den ängstlichen und den hoffnungsvollen Investor. Erstere legen einen großen Wert auf Sicherheit bei Investments, weshalb sie mit einer größeren Wahrscheinlichkeit schlechtere Ereignisse und folgerichtig mit einer kleineren Wahrscheinlichkeit positive

Ergebnisse gewichten. Dies hat zur Folge hat, dass sie das erwartete Vermögen unterschätzen. Beim hoffnungsvollen Investor ist genau das Gegenteil zu beobachten. Positive Ereignisse werden mit einer größeren Wahrscheinlichkeit und schlechtere Ereignisse mit einer kleineren Wahrscheinlichkeit gewichtet, weshalb sie das erwartete Vermögens überschätzen.

Da Angst und Hoffnung bei jeder Investition eine Rolle spielen und somit das erwartete Vermögen beeinflussen, schlägt Lopes vor, eine konvexe dekumulative Transformationsfunktion zu verwenden, die eine Kombination aus Funktionen zwischen ängstlichen und hoffnungsvollen Investoren ist.[57]

4.3.2. Neue Erwartungstheorie

Die Prospect Theory, im Deutschen auch Neue Erwartungstheorie genannt, stellt eine Alternative zur Erwartungsnutzentheorie dar. Sie unterscheidet sich von dieser dadurch, dass die Erwartungstheorie Unsicherheit bei der Entscheidungsfindung mit einbezieht. Individuen untergliedern dabei mögliche Ergebnisse in Gewinne und Verluste. Die schlechtesten Ergebnisse werden als Verlust und die besten Ergebnisse als Gewinn eingestuft. Abhängig von Eintrittswahrscheinlichkeiten werden diesen Ergebnissen verschiedene Nutzenwerte zugeordnet. Den Zusammenhang zwischen Eintrittswahrscheinlichkeit und Nutzen der Ergebnisse wird durch die folgende Nutzenfunktion dargestellt:

$$(29) \qquad U = w(p_1)v(x_1) + w(p_2)v(x_2) + \cdots$$

$x_1, x_2, \dots$, stellen die möglichen Ergebnisse und $w(p_1), w(p_2), \dots$, ein Entscheidungsgewicht, das mit ihrer Wahrscheinlichkeit skaliert wird, dar. Das bedeutet, dass Individuen unwahrscheinliche Ergebnisse über- und wahrscheinliche Ergebnisse unterbewerten. v beschreibt eine Wertfunktion, die einem Resultat einen Wert bzw. Nutzen zuordnet.[58]

---

[57] Vgl. Shefrin und Statman, 2000, S. 131f.
[58] Vgl. Kahnemann und Tversky, 1979, S. 274-277

4.3.3. Single-Mental-Account-Behavioral-Portfoliotheorie (BPT-SA)

Auf diesen zwei Theorien basierend unterscheiden Shefrin und Statman zwei Ansätze bei der BPT, die sogenannte Single-Mental-Account-Behavioral-Portfolio-Theorie (BPT-SA) und die sogenannte Multiple-Mental-Accounts-Behavioral-Portfolio-Theorie (BPT-MA).

Die BPT-SA basiert auf Lopes' Ansatz der SP/A-Theorie. Im Gegensatz zu Markowitz wird das Risiko nicht durch die Standardabweichung, sondern durch mehrere Faktoren beschrieben. Wie auch bei der SP/A-Theorie wird das Risiko durch die Stärke von Angst und Hoffnung, durch das Verhältnis beider, dem Aspirationslevel s sowie der Stärke des Wunsches, den Aspirationslevel zu erreichen, im Verhältnis zu den Stärken der Angst und Hoffnung bestimmt. Dabei wird ein Portfolio als sicher angesehen, wenn die Wahrscheinlichkeit kleiner ist als α. Ähnlich zu Markowitz lautet dann das Optimierungsproblem folgendermaßen: „Maximiere die erwartete Rendite des Portfolios unter der Nebenbedingung, dass die Wahrscheinlichkeit eines Ruins nicht größer als α ist." Formal kann dies auf folgende Weise beschrieben werden:

(30) $$max \, E(R) \, u. \, d. \, NB. \, P(W < s) < \alpha$$

Das Resultat dieser Optimierung ist ähnlich zu Markowitz eine Menge von optimalen Portfolios, die zusammen den effizienten Rand gemäß BPT bilden. Allerdings kommen Shefrin und Statman zu dem Schluss, dass sich diese optimalen Portfolios von den optimalen Portfolios, die man bei der Optimierung nach Markowitz erhält, unterscheiden. Oder anders ausgedrückt, bilden die optimalen Portfolios nach BPT nicht immer optimale Portfolios bei einer Erwartungswert-Varianz-Optimierung.[59]

Eine Studie hat empirisch gezeigt, dass optimale BPT-Portfolios auf dem effizienten Rand von Markowitz oben rechts gelegen sind, weshalb diese von Investoren nicht bevorzugt werden, da sie im Gegensatz zu anderen optimalen Portfolios ein höheres Risiko aufweisen.[60]

---

[59] Vgl. Shefrin und Statman, 2000, S. 133ff.
[60] Pfiffelman et al., 2003, S. 23

4.3.4. Multiple-Mental-Accounts-Behavioral-Portfolio-Theorie (BPT-MA)

Bei der BPT-MA-Theorie kombiniert ein Investor unterschiedliche Aspirationslevels miteinander, um mit jedem Konto unterschiedliche Zielvorstellungen zu erfüllen. Demnach bauen Individuen verschiedene Konten auf, die kombiniert ihr persönliches Portfolio bilden. Dabei wird jedoch die Kovarianz zwischen diesen Konten vernachlässigt.

Die mentalen Konten werden dabei pyramidenförmig geordnet, so dass die wichtigste Zielformulierung unten und die unwichtigeren darüber angesiedelt sind. Ein einfaches Beispiel wäre der Wunsch eines Individuums, ein gewisses Renditenniveau zu erreichen. Dieses Ziel stellt er dabei über alle anderen. In höher gelegenen Konten versucht das Individuum verschiedene Niveaus des Wohlstandes zu erreichen. Der Aufbau eines einzelnen Kontos erfolgt dann auf folgende Weise. Je wichtiger die Zielformulierung ist, desto risikoärmere Wertpapiere wie Bonds werden gekauft. Je unwichtiger das Ziel, desto riskantere Wertpapiere wie Aktien, Optionen oder Lotteriescheine werden gekauft. Wie bereits erwähnt, wird die Kovarianz zwischen den Konten vernachlässigt, weshalb auch widersprüchliche Käufe im gesamten Portfolio durchaus vorkommen können.

Zusammenfassend lässt sich sagen, dass die BPT in der Literatur eine Alternative zu anderen Ansätzen bildet, da die Nutzenmaximierung nicht im Vordergrund steht. Tatsächlich werden zudem Emotionen wie Angst und Hoffnung eingegliedert. Auch der Wunsch nach einem gewissen Wohlstandsniveau fließt in die Entscheidung des Aufbaus des Portfolios mit ein. Inwiefern dieses Konzept das Investitionsverhalten von Individuen widerspiegelt, wäre in weiteren Forschungen zu ergründen. Dabei wäre ein interessanter Aspekt, ob in den verschiedenen Konten, sofern diese von Individuen genutzt werden, dennoch das Prinzip der Nutzenmaximierung vorherrscht.

5. Fazit

Ziel dieser Arbeit war es, die Entwicklung und aktuelle Verfahren der Portfoliotheorie herauszuarbeiten. Dabei wurde besonderes Augenmerk auf die Pionierarbeit von Markowitz mit seiner Mean-Variance-Optimierung gelegt. Es wurde gezeigt, wie ein Investor unter gewissen Annahmen durch Erwerb verschiedener Wertpapiere sein persönliches Portfolio optimieren kann. Im Rahmen der kritischen Würdigung des Modells von Markowitz wurde gezeigt, dass dieses Modell auf vielen teilweise auch als kritisch anzusehenden Annahmen beruht.

Auf diese Theorie aufbauend wurden weiterführende Arbeiten vorgestellt, die gewisse von Markowitz getroffene Annahmen aufheben oder andere Annahmen treffen. So wurde eine Erweiterung ausgeführt, die statt der Normalverteilung die Lognormalverteilung verwendet. Weiterhin wurden als Alternative zur Standardabweichung weitere Risikomaße wie der Value-at-Risk und der Expected Shortfall verwendet.

Im letzten Abschnitt wurden drei weitere Ansätze der Portfoliotheorie vorgestellt. Zum ersten wurde der Bayesianische Ansatz vorgestellt, der insofern eine Alternative zu Markowitz' Portfoliotheorie darstellt, da Parameter wie Erwartungswert oder Varianz nicht mehr punktuell, sondern alternativ ganze Verteilungen geschätzt werden. Auf den Bayesianischen Ansatz basierend wurde das Black-Litermann-Verfahren analysiert und abschließend die Behavioral Portfoliotheorie. Bei allen Erweiterungen und alternativen Ansätzen wurde gezeigt, dass diese in mancher Hinsicht eine Verbesserung zu Markowitz' Portfoliotheorie darstellen. Jedoch sollte man diese nicht unkritisch betrachten, da sie auch individuelle Nachteile aufweisen, weshalb sie nicht als vollkommene Verbesserungen eingestuft werden sollten. In diesem Zusammenhang wäre es angebracht, verschiedene alternative Ansätze miteinander zu kombinieren und die praktischen Anwendungsmöglichkeiten auszuloten.

Zusammenfassend muss festgehalten werden, dass die Portfoliotheorie seit Markowitz' Artikel „Portfolio Selection" durch die zahlreichen Arbeiten an Vielfältigkeit gewonnen hat. Inwiefern diese Erweiterungen oder alternative Ansätze einen wirklichen Fortschritt gegenüber Markowitz' Ausgangstheorie darstellen, ist eine interessante Fragestellung für weitere Studien.

Schlussendlich bildet die Portfoliotheorie von Markowitz trotz der vielen Kritik die Grundlage für weitere Arbeiten in diesem Gebiet. Dass sich kein anderer Ansatz bis jetzt durchgesetzt hat, spricht dafür, dass kein Weg an Markowitz vorbeiführt. Es bleibt abzuwarten, wie sich die Portfoliotheorien entwickeln und ob sich ein Ansatz durchsetzen und die Grundprinzipien von Markowitz ablösen wird.

6. Literaturverzeichnis

Adams, Zeno et al., Spillover Effects among Financial Institutions: A State-Dependent Sensitivity Value-at-Risk Approach, Journal of Financial and Quantitative Analysis, Vol. 49, No.3, Washington, 2014

Adcock, Chris, Asset pricing and portfolio selection based on the multivariate extended skew-Student-t distribution, Springer Science+Business Media, 2009

Avramov, Doron, Zhou, Guofo, Bayesian Portfolio Analysis, The Annual Review of Financial Economics, Vol. 2, 2010

Benartzi, S., R. Thaler, Naive Diversification Strategies in Defined Contribution Saving Plans, American Economic Review 91, 2001

Best, Henning (Hrsg.), Handbuch der sozialwissenschaftlichen Datenanalyse, VS-Verlag, Wiesbaden, 2010

Bleymüller, Josef, Statistik für Wirtschaftswissenschaftler, Vahlen, München, 2012

Böhm, Volker, Wenzelburger, Jan, On the Performance of Efficient Portfolios, Journal of Economic Dynamics & Control 29, 2004

Fama, Eugene F., Efficient Capital Markets: A Review of Theory and Empirical Work, Journal f Finance, Vol. 25, No. 2, New York, 1970

Frankfurter, George M., Performance of the Sharpe Portfolio Selection Model: A comparison, Journal of Financial and Quantitative Analysis, 1976

Fredman, Albert J., Wrestling With Risk: A Multiheaded Concept With No Single Measure, AAII Journal, Chicago, 1996

Gilli, Manfred, Këllezi, Evis, A Heuristic Approach to Portfolio Optimization, FAME Research Paper Series rp20, International Center for Financial Asset Management and Engineering, 2000

Hanoch, Giora, Levy, Haim, Efficient Portfolio Selection with Quadratic and Cubic Utility, The Journal of Business, Vol. 43, No. 2, Chicago, 1970

Idzorek, Thomas, A Step-by-Step Guide to the Black-Litterman Model, Zephyr Associates working paper, 2005

Kahneman, Daniel, Tversky, Amos, Prospect Theory: An Analysis of Decision under Risk, Econometrica, Vol 47, No. 2, 1979

Kremer, Jürgen, Portfoliotheorie, Risikomanagement und die Bewertung von Derivaten, Berlin, Heidelberg: Springer-Verlag, 2011.

Krokhmal, Pavlo et al., Portfolio Optimization with Conditional Value-at-Risk Objective and Constraints, The Journal of Risk, V. 4, # 2, 2002

Mandelbrot, B., Hudson, R. L., The (Mis)Behaviour of Markets: A Fractal View of Risk, Ruin, and Reward. London: Profile Books, 2004

Marcikic, Aleksandra, Radovanov, Boris, Usefulness of Bootstrapping in Portfolio Management, Croatian Operational Research Review, Vol. 3, 2012

Markowitz, Harry M., Portfolio Selection, The Journal of Finance, Vol. 7, No. 1. , 1952

Mondello, Enzo, Portfoliomanagement: Theorie und Anwendungsbeispiele, Imprint: Springer Gabler, Wiesbaden, 2015

Mosler, Karl, Schmid, Friedrich, Wahrscheinlichkeitsrechnung und schließende Statistik, Springer Verlag, Berlin, 2006

Muranaga, Jun, Ohsawa, Makoto, Measurement of liquidity risk in the context of market risk calculation, Institute for Monetary and Economic Studies, 1997

Passarin, Katia, A Robust Bayesian Approach to Portfolio Selection, Submitted for the degree of Ph.D. in Economics University of Lugano, Switzerland, 2004

Pfiffelmann, Marie, When behavioral portfolio theory meets Markowitz theory, Economic Modelling, 2015

Pritsker, Matthew, Valuating Value at Risk Methodologies: Accuracy versus Computational Time, Financial Institutions Center, University of Pennsylvania, 1996

Puelz, Amy v., Value-at-Risk Based Portfolio Optimization, Stochastic Optimization: Algorithms and Applications, Vol. 54, 2001

Rubenstein, Mark, Markowitz's "Portfolio Selection": A Fifty-Year Retrospective, The Journal of Finance, Vol. LVII, No. 3, 2002

Ratchev, Svetlozar T., Bayesian Methods in Finance, John Wiley & Sons, Inc., Hoboken, New Jersey, 2008

Schöttle, Katrin et al., Comparison and robustification of Bayes and Black-Litterman models, Mathematical Methods of Operations Research, Volume 71, Issue 3, 2010

Schyns, Micheal, Simulated annealing for complex portfolio selection problems, European Journal of Operational Research 150, 2003

Sharpe, William F., A simplified model for portfolio analysis, Management Science, Vol. 9, No. 2, 1963

Sharpe, William F., Capital Asset Prices: A Theory of Market Equilibrium under Conditions of Risk, The Journal of Finance, Vol. 19, No.3, 1964

Shefrin, Hersh, Statman, Meir, Behavioral Portfolio Theory, Journal of Financial and Quantitative Analysis, Vol. 35, No. 2, 2000

Springer Fachmedien Wiesbaden (Hrsg.), Kompakt-Lexikon Wirtschaftsmathematik und Statistik, Wiesbaden , 2013

Tschrik, Wolfgang, Statistik: Klassisch oder Bayes, Springer-Verlag Berlin Heidelberg, 2014

Weinard, Maik, Analyse von Heuristiken, Dissertation zur Erlangung des Doktorgrades der Naturwissenschaften, Goethe-Universität, Frankfurt, 2006

Wolf, Joachim (Hrsg.), Methodik der empirischen Forschung, Betriebswirtschaftlicher Verlag Dr. Th. Gabler, Wiesbaden, 2007

Xu, Patrick, Black-Litterman Model, Statistics 157, 2008

BEI GRIN MACHT SICH IHR WISSEN BEZAHLT

- Wir veröffentlichen Ihre Hausarbeit,
  Bachelor- und Masterarbeit

- Ihr eigenes eBook und Buch -
  weltweit in allen wichtigen Shops

- Verdienen Sie an jedem Verkauf

Jetzt bei www.GRIN.com hochladen und kostenlos publizieren